하나님 나라, 정말 이걸 누리며 살고 있니?

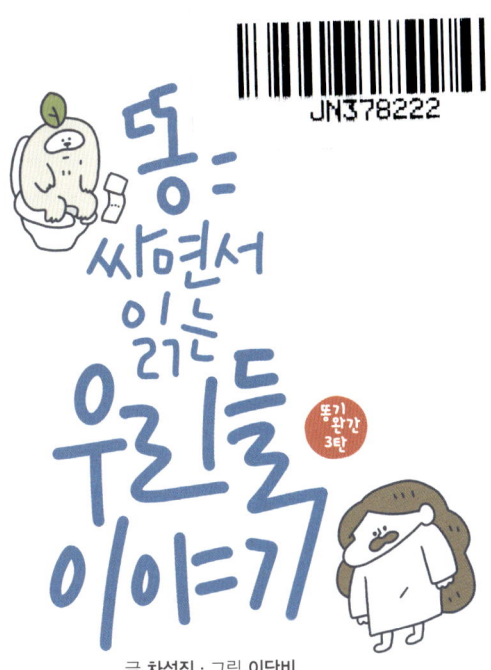

똥 싸면서 읽는 우리들 이야기

똥기완간 3탄

글 차성진 · 그림 이단비

아바서원

여전히 우리는

복음을 알고, 예수를 알게 되면
내 인생이 드라마처럼 달라질 거로 생각했다
물론 달라진 부분도 있다
예수님의 이야기는 내가 들어 본 이야기 중
가장 아름답고 희생적인 이야기였고
그 이야기의 주인공이 나라는 사실은
내 가슴속에 한 번도 심긴 적 없었던
감동과 기쁨을 뿌리내리게 했다

그러다가도 문득 주변을 둘러보면
현실을 느낄 수밖에 없다
여전히 세상은 악하고, 내 안에 악함도 여전하다
그리고 죽음의 공포로부터
조금도 자유로울 수 없는 현실도
매번 접하게 된다

예수님은 과연 이 악함과 죽음을 해결했는가?
그 해결은 사후에나 일어날 수 있는 일인가?
어쨌든 우리는 이 땅에 발을 딛고 사는 동안에는
악함과 죽음이 주는 고통에
덩굴처럼 메일 수밖에 없는 것인가?

지난 두 번의 이야기를
되새겨볼게.

첫 번째 만남에서
'악함'과 '죽음' 때문에
우리는 행복할 수 없다고
말했어.

그리고 두 번째 만남에서는
그 악함과 죽음을
예수님이 해결했다고
이야기했지!

자, 그러면
한 가지 궁금증이
생기게 돼.

그럼 이제 정말로
죄와 사망이
해결된 건가?

내 안의 악함도
그대로 남아 있어.

이런 상황에서 악함과 죽음이
정말 해결되었다고 말할 수 있을까?

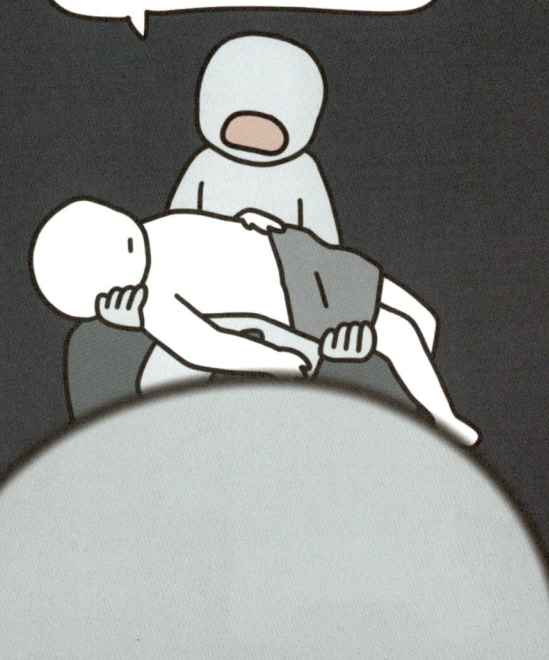

어떤 친구들은
이렇게 대답할지 몰라

그러면 우리는 살아가는 동안에는
악함과 죽음에
계속 시달려야 하는 건가?

예수님이 주신 **구원**은
우리가 **죽은 뒤**에만
의미가 있는 걸까?

그래, 이번엔
'우리들'의 이야기를 해 볼 거야.

**예수님의 구원으로
우리들의 삶에
어떤 변화가 일어난 걸까?**

**죄와 사망은
정말 해결된 걸까?**

우리들은 정말
행복할 수 있을까?

내 안의 악함이
해결되다

마치, 폭우가 오는 날
와이퍼로 창문 유리를 닦는 것처럼,
내 안의 악함은 닦아내도 닦아내도
끊임없이 내 마음속에 가득한 걸 보게 된다.
물론 그 좌절의 깊이 만큼
예수님께서 이 악함의 대가를
온전히 가져가 주신 것에 대해 감사하게 된다.

하지만, 정말 나는 이 악함을 평생 지고
살아야만 하는 것일까?
예수님의 사역은
내 안의 악함을 이기는 것과
어떤 연관이 있는 걸까?

남을 돕는 일에
전혀 관심 없는 친구가 있었어.

**주변에서 봉사를 권해도
한 번도 몸을 움직인 적이 없지.**

그런데 어느 날
길을 걸어가다가

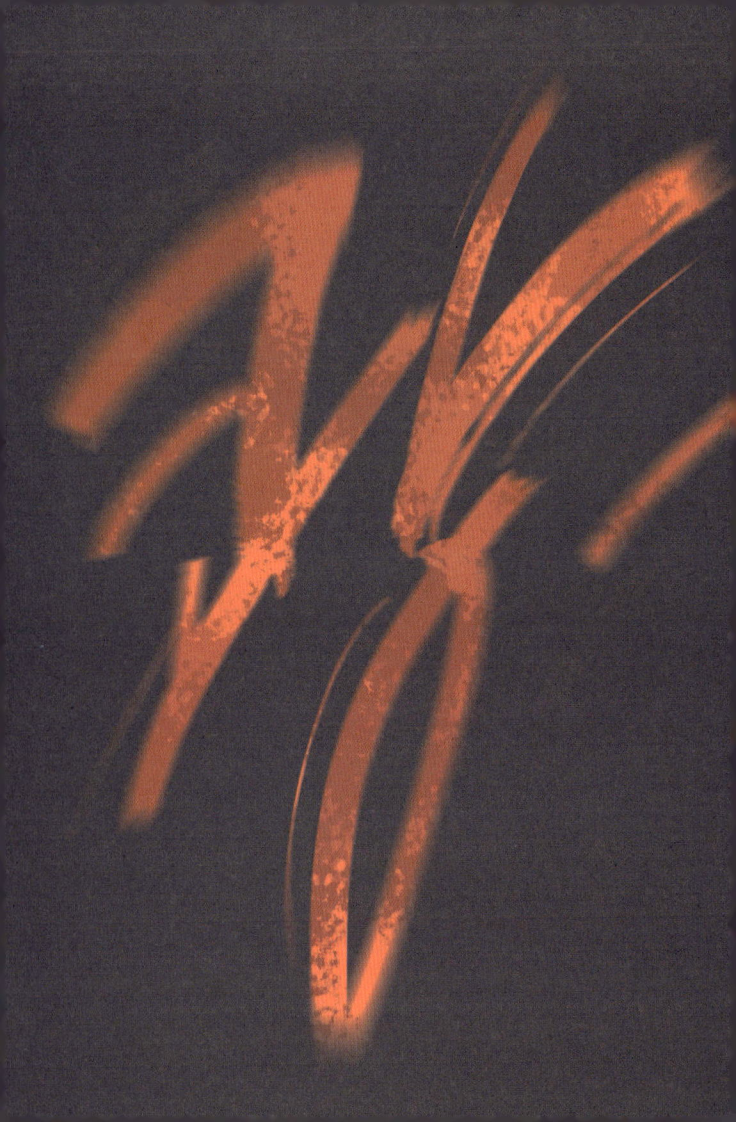

어떤 신사가 자기를 구하려고
차에 대신 치인 거야.

심각하게 다친 그 남자는
병원에 입원하게 되었어.

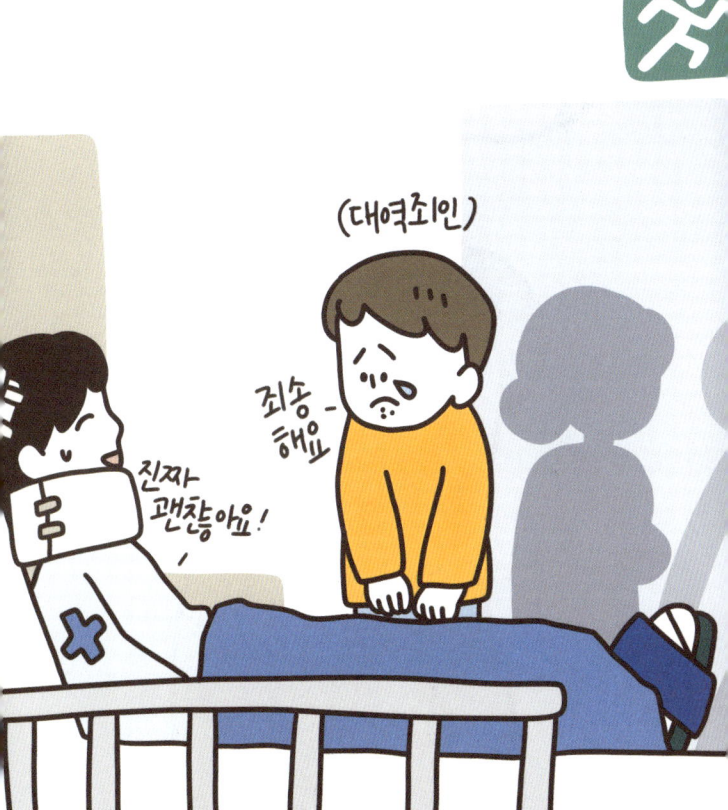

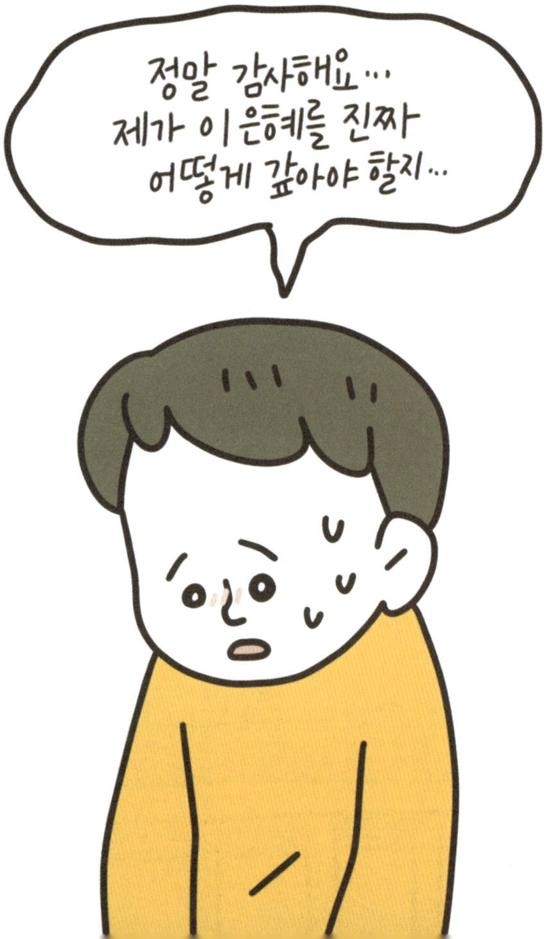
정말 감사해요…
제가 이 은혜를 진짜
어떻게 갚아야 할지…

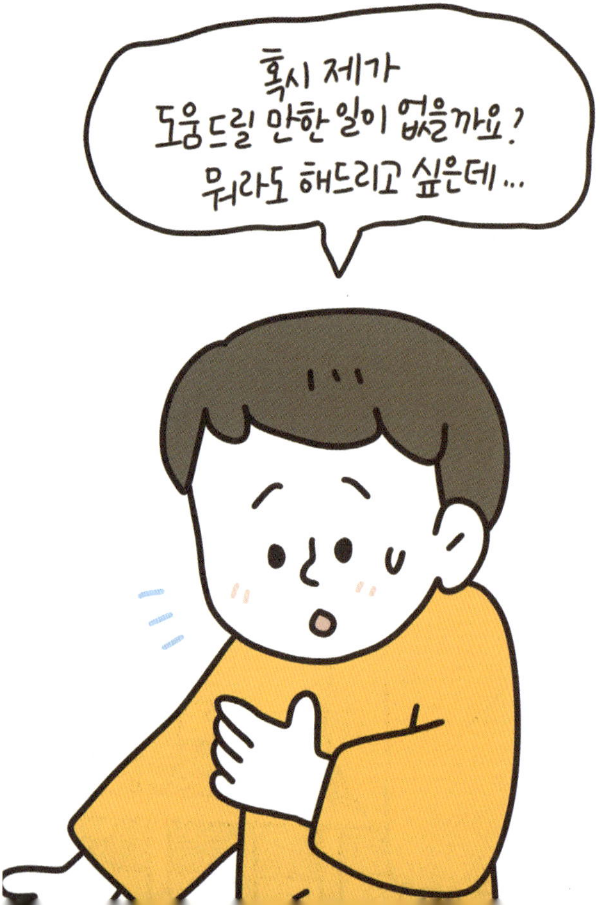
혹시 제가
도움드릴 만한 일이 없을까요?
뭐라도 해드리고 싶은데...

아마 이 친구는 다른 누구보다도
더 열심히 봉사할 거야.

원래 이웃 돕기에
전혀 관심이 없었던 친구지만

가슴 속에
'**참을 수 없는 감동**'이 생겼거든.

이게 바로 우리가 악함을
이겨낼 수 있는 **이유야!**

**십자가의 사랑 앞에
감동한 우리에게**

예수님은 단 하나의
부탁을 하시지.

우리는
이웃보다 나를 더 사랑하는
이기적인 죄인이지만

예수님께 받은 감동과
그 감동을 일깨워주시는
성령님 덕분에

내 안의 악함을 이기고
이웃 사랑을 할
강한 힘을 얻게 되지.

물론, 하나님을 모르는 사람들도
자신의 악함과 싸우고
선한 일을 하기도 해.

그런데, 세상의 반응이 기대와 다를 때가 많다 보니

그 싸움이 오래가지 못하는 경우가 많아.

하지만,
기독교인의
이웃 사랑은 달라

우리는 **이미** 사랑을 받았기에
그 어떤 대가도 바라지 않지.

우리의 사랑이
이미 하나님께 받은 사랑에 대한
보답이니까

그런데 문제가 있어.

이 감동으로
내 모든 죄를 완벽히
끊어낼 수 있으면 좋겠다만

내 안의 악함은
만만치 않기에
종종 쓰러질 때가 있단 말이지.

아.. 왜 난 맨날
이딴 식일까 ...
발전이 없네...

이 문제는
어떻게 해결할 수 있을까?

그 답은 바로

'공동체'야.

맞아,
죄를 완벽히 이겨내기엔
나 혼자선 너무 버거워.

그래서 우리에겐
'연대가 필요해'

서로의 싸움을
도와주고 도움을 받기도
하는 거지.

**악함에 넘어진
형제를 일깨워주고**

구체적인 방법을
서로 묻고 나누기도 하지.

이 모든 일이 가능한
이유는 뭘까?

모두가 같은 **감동을**
공유하기 때문이야.

**예수님이 나에게
생명을 주셨다는 사실에 대한
감동**

예수님은 이것이
'반석'이라고 말씀하셨고

이 반석 위에 세워진 공동체를
'**교회**'라고 하셨지.

이 교회 안에서 우리는
악함과 함께 싸우는 거야.

십자가로 시작된
악함의 해결은 이렇게
교회를 통해서 완성되지.

소그룹 나눔 질문

- 내 안의 악함과 싸울 수 있는 가장 큰 원동력 두 가지는 무엇인가요?

- 우리가 대가 없는 사랑을 베풀 수 있는 이유는 무엇일까요?

- 교회가 '함께 악함과 싸우는 연대'가 되기 위해선 반드시 갖춰야 할 것이 있습니다. 그건 무엇일까요?

2부

세상의 악함이
해결되다

"여기가 좋사오니"라고 외쳤던
베드로의 헛소리가
가끔은 깊이 공감된다.
복음이 공유되지 않은 사람들과 나누는
인간관계는 너무 두렵고 염려되기에
그냥 교회 안에서 신뢰할 수 있는 사람들하고만
교제하고 싶다고 생각하게 된다.

하지만 하나님께선 우리를 세상으로 보내시고,
그 가운데 그리스도인의 향기를 발하길 원하신다.

그러면 그때 마주해야 할 세상의 악함으로부터
우리는 어떻게 자유로울 수 있을까?
그 상처와 아픔을
우리는 어떻게 이겨낼 수 있는 것일까?

여기에 대한 답도 역시
'교회'에서 출발하게 돼.

교회는 예수님의 감동을
경험한 사람들의 모임이고

이 사람들이 모여
이웃 사랑을 실천하고

**서로의 악함을 바로잡아주기 위해
노력하다 보니**

교회 안에서만큼은 악함이 없는
진짜 교제를 나눌 수 있어.

**악함이 가득한 세상 속에선
진실된 교제를 나누기가 힘들지.**

그런데 악함을 이겨낸 사람들,
내가 믿을 수 있는 사람들과의
진실된 교제는 우리에게 큰 기쁨을 줘.

물론 아직은
악함과 싸우는 중이라서
가끔은 실망스러운 모습이
보일 때도 있을 거야

하지만, 우리에겐
교회가 있지.

사람을 신뢰하기 때문이 아니라,
우리 안의 **성령**과 **공동체**를
신뢰하기 때문에, 교회에선 악함이
해결된 즐거움을 누릴 수 있어.

문제는
교회 밖 '세상'이야.

**어쨌든 우리는 세상 속에서
사람들과 함께 살아가다 보니**

**세상의 악함을
경험할 수밖에 없거든.**

이때 **교회의 역할**은 무엇일까?

세상의 악함에
상처 입은 형제들을
치료해주는 거야.

**세상의 악함에 상처 입은 형제를
교회가 도와주고 돌봐준다면**

**세상의 악함은 교회 안에서
힘을 잃고 말 거야.**

그리고 우리의 돌봄을
교회 바깥으로
넓혀 가는 거야.

범죄, 갈등과 같은
개인의 악함
경제구조, 환경문제와 같은
집단의 악함이
가득한 세상에서

십자가의 감동을
지닌 교회가
상처받은 사람들을
돌보기 시작할 때

사람들은 그 모습에
호기심을 갖게 되고

쟤네는 왜 저렇게까지 하는거야?

그러게

그렇게 교회 공동체가
확장되어 가는 거지.

소그룹 나눔 질문

- 우리가 어쩔 수 없이 맞이해야 하는 세상의 악함은 어떤 것들이 있나요?

- 교회는 그 악함으로 인한 상처와 피해를 어떻게 도와줄 수 있을까요?

- 교회는 세상으로부터 어떤 거룩한 호기심을 자아낼 수 있을까요?

3부

죽음이
해결되다

죽음보다 인간의 운명을
잘 설명하는 단어가 어디 있을까?
우리는 꿈을 꾸든, 사랑을 하든,
좌절하든, 성공하든,
결국엔 죽는다.
너무나 당연한 듯한 이 결말을
덤덤하게 인정하게 될 때도 있지만,
정작 그 어마어마한 크기의 공포가
나와 눈을 마주치게 되면
그 순간 우리는 이 공포에서 벗어날 수
없다는 것을 깨닫고 절망하게 된다.

그런데 정말 이 공포로부터
우리는 해방될 수 있는 걸까?
어떻게?

그건 바로
예수님의 '부활' 때문이지.

예수님의 부활은 어떤 의미를 지니는 사건일까?

아저씨 이거 좀 도와주세요.

네네 줄 묶습니다.

**죽음이 극복되었다는 걸
우리에게 보여주신 사건이야.**

절대로 해결되지 못할 것 같은 죽음이 예수님을 통해 해결되는 걸 보면서

**우리는 죽음이 만드는
두 가지 공포에서 해방되지.**

죽음이 만드는 첫 번째 공포는
바로 **이별**이야.

죽음이 슬픈 이유는
'이별' 때문일 거야.

그러나 우리가 **부활**한다는 사실은
이 이별의 공포를 해소해주지.

잠깐의 헤어짐은 있지만
다시 만날 수 있다는 희망은

" 우리를
이별의 슬픔에서
건져주지

죽음이 만드는 또 다른 공포는
'소멸'이야.

내 존재가 없어진다는 건
어떤 기분일까?

죽음으로 내가 사라진다는 건
상상만으로도 막막하고
무서운 일이야.

우리가 부활한다는 건
우리가 귀한 존재라는 것이고

**우리의 인생은 절대
허무하지 않다는 거야.**

**그래서 어차피 죽을 인생,
쾌락과 허무로
낭비하는 것이 아니라**

**영원한 삶을 주신 분이
부탁하신 아름다운 가치를
좇으며 사는 거지**

그리고 그 가치는
교회를 통해 빛나게 돼

함께 모여 우리에게 주어진
예수님의 **사랑**과 **부활**을
곱씹으면서

**악함과 죽음이 해결된
사람답게 사는 방법을 함께
고민하는 거지.**

**교회 안에서
악함과 죽음의 해결을 누리고,
세상에 그 해결을 전하는 삶**

이렇게 또 교회 공동체를 통해서
죽음이 없는 듯한 삶을
우리는 누릴 수 있는 거야.

소그룹 나눔 질문

- 죽음이 만드는 이별로 고통받는 우리에게 예수님의 부활은 어떤 의미를 지니나요?

- 죽음이 만드는 소멸로 고통받는 우리에게 예수님의 부활은 어떤 의미를 지니나요?

- 히브리서 2장 14절~15절의 의미를 묵상해 봅시다.

하나님 나라, 성경의 궁극적인 메시지

"최대한 늦게 믿을수록 이득 아냐?"
라고 말하는 친구들의 말에
사실 아무런 반박을 하지 못했다.
때론 나 또한 그런 생각을 했던 적이 있으니까.

하지만 하나님 나라를 알게 되고 나선,
이 질문에 당당히 대답할 수 있다.
이 나라를 누리는 지금이 너무 행복하다고.
그래서 한시라도 빨리
이 나라에 들어온다면
우리가 누릴 행복의 세월은
더 길어지지 않겠냐고.

성경은 절대
우리의 **행복**을 사후로
미루어두지 않아.

우리 삶의 행복을 가로막고 있는
죄와 사망의 해결이
이미 시작되었다고 해.

그것이 바로 예수님이 말씀하신
'하나님 나라'야.

**하나님 나라에서 태어났던 인간은
하나님의 다스림을 거부하면서**

**생명과 선함이 있는
하나님 나라를 잃어버렸고**

대신 악함과 죽음이 가득한
세상 가운데 놓이게 되었지.

그렇게 우리가 잃어버린
하나님 나라를

예수님이 다시
선물해 주셨어.

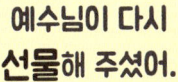

복음과 **교회**를 통해
그리고 그 사실을 깨닫게 해주시는
성령님을 통해

우리는 악함과
죽음의 해결을 누릴 수 있고
기뻐할 수 있어.

그리고 우리는
함께 기다리는 거야.

**언젠가 예수님이
이 땅에 다시 오셔서**

죄와 사망의 완벽한 해결을
우리에게 선물하실 그때

**예수님의 품에 안겨
펑펑 울 수 있는 그때를 말야.**

어때?
너는 행복하니?

**너의 삶을 둘러싼
죄와 사망 때문에 지쳐 있진 않니?**

그 죄와 사망이
해결되었단 **소식**을
너에게 알려주고 싶어.

이 소식이 바로 **복음**이고,
이걸 말하는 곳이 **교회고**

이곳에서 우리가 누릴 수 있는 것이
'행복'이야.

**내가 너에게 기독교를
말하고 싶은 이유는**

니가 행복하길
바라기 때문이야.

기독교는 세상을
가장 행복하게 살아가는 방법을
알려주는 종교야

그 행복을 함께 누려보자.
그렇게 '우리들 이야기'를
행복으로 완성해보자.

"
내가 경험한
'행복'을
너에게도 주고 싶어.
"

소그룹 나눔 질문

- 우리는 왜 기독교를 믿어야 할까요?

- 당신은 하나님 나라를 누리면서 살고 있나요? 만약 아직 누리지 못한다면 그 원인은 무엇일까요?

- 왜 기독교가 행복을 주는 종교인지 설명할 수 있나요?

예수님의 쿠킹 클래스

: 교회 만들기

첫 번째,

⟨올바른 가르침⟩을
넣어줍니다.

가장 기본이 되는 재료입니다.

두 번째,

구원을 기뻐하는 〈예배〉를 넣어줍니다.

음악, 조명과 같은 조미료를 넣어도 좋지만,
기본 재료보다 과해선 안됩니다.

세 번째,

달콤한 〈교제〉를 넣어줍니다.

**재료의 맛이 서로
잘 어우러지게 도와줍니다.**

네 번째,

<이웃 사랑>이라는 접시 위에 담아줍니다.

아무리 훌륭한 요리도 접시 위에 담기지 않으면 손님에게 내어줄 수 없습니다.

신앙인 중에도 자신이 믿고 있는 하나님에 대해서, 기독교 신앙의 본질에 대해서 자신 있게 이야기할 수 있는 사람은 많지 않다. 이것이 종교 의식적 열심은 세계 최고이지만 변증적 훈련이 부재한 한국교회의 현실이다. 이러한 상황에서 차성진 목사님의 책은 가뭄어 메마른 땅에 출현한 단비 같은 보물이다. 이 책은 기독교 신앙의 본질에 대해 압축적인 설명을 하고 있으면서도 필요한 모든 이야기를 담고 있다. 사영리를 요즘 세대에 맞게 각색한 확장판이라고 할 수 있다.

교회는 하나님께서 베푸신 은혜에 감동된 자들의 모임이다. 하나님은 아무런 자격 없는 우리에게 선제적 은총을 베푸셨다. 그 은혜를 입고 새로운 삶을 허락받았다면 이제 우리는 은혜받은 자다운 삶으로 응답해야 한다. 개인적인 삶에서도 하나님의 백성다운 진실함과 거룩함이 드러나야 하고, 무엇보다 교회 공동체를 통해 하나님 나라의 모습을 증언할 수 있어야 한다.

교회는 부활을 믿는 자들의 공동체다. 사탄의 가장 강력한 무기인 죽음에 더는 지배받지 않는 담대한 자들이 교회 안에서 서로의 손을 맞잡고 든든한 진지를 구축해야 한다. 부활하신 예수를 만나지 못했더라면 도저히 살아낼 수 없는 삶을 살아낼 때 세상은 예수 부활을 신뢰할 것이고 우리가 고백하고 있는 부활 신앙에 대해 수긍할 수 있을 것이다. 입으로 고백하던 신앙을 뛰어넘어 이제는 삶으로 우리의 믿음을 증언해야 한다.

이 작은 책이 이 모든 일에 마중물이 되기를 소망하며 기쁜 마음으로 이 책을 추천한다.

_양진일 목사 《구약성경, 책별로 만나다》 저자

이 책은 화장실 변기에 앉아있는 짧은 시간에 다 읽어버릴 수 있다. 그래서 황당하고 재미있다. 하지만 그 내용은 결코 가볍게 지나칠 수 없다. 일부러 많은 것을 말하지 않고 신앙생활에 중요한 한 두 가지에 집중한다. 또한, 예수님이 나의 구원자인 것을 믿고 살기로 한 후에도 여전히 죄와 악함에 둘러싸여 있다고 여기는 이들에게 "어떻게 그 악함을 이길 수 있는지"에 대해 들려준다.

《우리들 이야기》는 똥기 시리즈의 완간본이다. 앞서 출간된 《기독교 이야기》와 《예수님 이야기》 편을 먼저 읽고 이 책을 읽기를 추천한다. 특히 이 책은 최근에 예수님을 믿기로 한 초신자들이나 교회 청년부에 들어온 친구들에게 좋은 선물이 될 수 있다.

이 책은 개인 화장실보다는 공중화장실에서 더 가치 있을 것 같고, 개인 책장보다는 이 사람 저 사람의 손에 옮겨 다닐 때 더 생명력이 있을 것 같다.

_이성근 선교사 〈미니스트리 THE함께〉 대표, AKMU 아빠

복음은 언제나 새롭게 번역되어야 한다. 제대로 번역하기 위하여서는 두 언어를 모두 잘 알아야 한다. 자칫 복음이 왜곡·희석되거나 아니면 도통 알아들을 수 없는 말이 되기 때문이다. 차성진 목사님은 복음과 젊은이들의 문화, 두 세계 속에 살며 두 언어에 통달한 분이다. 이 책은 교회의 영광이 떠나간 시대, 교회와 하나님 나라에 대한 절실한 물음과 적절한 대답을 새로운 언어로 제시한다.

_장동민 교수 백석대학교 신학대학원

저자는 교회란 우리가 죄와 사망의 굴레에서 해방되었다는 복음의 감동을 공유하면서 진실한 교제를 나누는 곳이자, 세상의 악함과 싸우면서 지치지 않고 사랑을 실천할 수 있게 해주는 곳이라고 말한다. 그리고 성령을 통해 잃었던 하나님 나라의 행복을 다시 누리면서 그 완전한 회복을 소망하는 공동체라고 강조한다. 교회가 '똥' 취급을 받는 시대이지만, 똥 싸러 갈 때 이 책을 손에 들고 간다면 나올 때는 교회에 대한 생각이 완전히 바뀌어 있을 것이다.

_정한욱 안과전문의, 『믿음을 묻는 딸에게, 아빠가』 저자

'똥'만큼 솔직한 게 어디 있을까? 똥은 우리가 먹고 소화하는 것들의 잔여물이지만, 동시에 우리가 어떤 존재인지 반영하는 거울이며, 세상과 어떻게 조화롭게 살아야 하는지 상기시키는 교훈이다. 이 책은 바로 그런 책이다. 이 작은 책은 우리가 누구인지, 어떤 상태인지, 그리고 어떻게 살아야 할지 진실하게 담아낸다. 그러니 제목만 보고 웃지 말라. 펼쳐 읽어보라.

_최주훈 목사 중앙루터교회

똥기 3탄
똥 싸면서 읽는 우리들 이야기(보급판)

초판 1쇄 인쇄　2023년 5월 10일
초판 2쇄 발행　2024년 4월 18일

지은이 차성진
그린이 이단비
펴낸이 정선숙

펴낸곳 협동조합 아바서원
등록 제 274251-0007344
주소 경기도 고양시 덕양구 삼원로51 원흥줌하이필드 606호
전화 02-388-7944 **팩스** 02-389-7944
이메일 abbabooks@hanmail.net

ⓒ 협동조합 아바서원, 2023

ISBN 979-11-90376-68-6 (03230)

잘못 만들어진 책은 구입한 곳에서 교환해 드립니다.